L'invito

original story:
Jennifer Degenhardt

translation & adaptation:
Dr. Tanya Ferretto

cover & interior art:
Spencer Stickles

Copyright © 2024 Jennifer Degenhardt
(Puentes)
All rights reserved.
ISBN: 978-1-956594-58-4

For Lorraine, Gavin and Roberto.
There is no story here if not for you.

INDICE

RINGRAZIAMENTI

In the early spring of 2023, I had the opportunity to visit the Spanish teachers at Ichabod Crane High School in Valatie, New York. It was while talking with Lorraine Warner about the demographics of the area in general, and her students in particular, that she recounted the story that is told here – a story as beautiful as it is simple. Upon my return home, I immediately began writing with Lorraine, her son Gavin, and Roberto in mind. Thank you all for allowing me to tell the story.

Always wanting to involve students, I worked with Lorraine to find student artists and graphic-organizer creators. Michael Rodríguez took to Google docs to make the graphic organizer. Spencer Stickles is the talent behind all the drawings and the cover art. As always, I am so very grateful to all the students for their involvement. It takes a village – and in this case, the village of Valatie!

Dr. Tanya Ferretto, author of *Dietro al sorriso*, high school Italian teacher and lovely human, is the person to thank for being able to read this story in Italian and for its Italian elements. In fact, it is mostly due to her expertise that any of my stories are available for learners of Italian. Words cannot express how much I have enjoyed the collaboration with Tanya since she first contacted me. *Grazie,* Tanya. With your help, my stories are available for more readers. So glad that your stories will be, too!

Prologo
Lunedì mattina

«Mamma, il mio compleanno è sabato.»

«Sì, Carlo. Il tuo compleanno è sabato. Vuoi una festa?» la mamma chiede.

«Sì! Voglio andare al centro commerciale e al cinema,» dice Carlo.

«Buona idea.»

Capitolo 1
Carlo
Lunedì a scuola

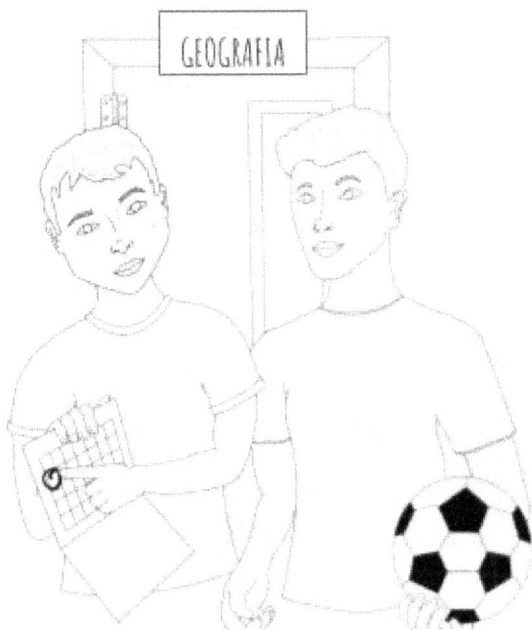

Sono molto contento. Il mio compleanno è sabato. Voglio fare una festa. Invito alcuni amici.

Roberto è uno dei miei amici. Noi andiamo a scuola assieme.

«Ciao Roberto.»

«Ciao Carlo. Comes stai?» chiede Roberto.

«Sono davvero felice,» dice. «Sabato è il mio compleanno.»

«Che bello!»

Roberto ha una palla da calcio. Roberto ha sempre una palla da calcio. A Roberto piace il calcio. No, Roberto ama il calcio! È il suo sport preferito.

«Carlo, giochiamo durante la ricreazione?» chiede Roberto.

«Sì Roberto. Giochiamo a calcio durante la ricreazione,» gli dico.

«Ma prima abbiamo la lezione di geografia,» dice Roberto.

Capitolo 2
Roberto
Lunedì a scuola

Manca[1] una lezione alla ricreazione. Durante la ricreazione gioco a calcio con Carlo. Carlo è il mio amico. Gli piace il calcio, ma io lo amo!

---

[1] manca una lezione: there is one lesson to go.

Carlo ed io entriamo nella classe di geografia. La signora Pellegrini comincia subito a parlare:

«Buon giorno ragazzi. Oggi parliamo di cultura. Cos'è la cultura?»

La professoressa ha un'immagine sulla lavagna:

La cultura è un modo[2] di vita[3] di un gruppo di persone che condividono credenze[4] e costumi[5] che sono simili tra di loro.

«Oggi lavoriamo su un progetto in classe. Lavoriamo in gruppi di due: uno studente ha una famiglia italiana e l'altro ha una famiglia da un altro paese.»

Immediatamente chiedo a Carlo:

---

[2] modo di vita: way of life.
[3] vita: life.
[4] credenze: beliefs.
[5] costumi: customs.

«Vuoi lavorare con me?»

«Sì, Roberto. Possiamo lavorare in gruppo.»

La professoressa spiega il progetto:

«Tutti voi esplorerete[6] la vostra cultura.»

Le informazioni che vi servono sono:

- lingue
- tradizioni
- lavori
- vestiti[7] (e marche[8])
- attività culturali
- cibo
- feste popolari
- festività
- sport
- musica

---

[6] esplorerete: you (plural) will explore.
[7] vestiti: clothes.
[8] marche: brands.

La professoressa ci dà un foglio[9] con una tabella[10]. Ci aiuta ad organizzare il progetto.

MOGLIANO VENETO

GEOGRAFIA	ESEMPIO : MOGLIANO È NEL VENETO DOVE ? COSA ?
TEMPO	ESEMPIO : IN ESTATE, A MOGLIANO FA CALDO. QUANDO?
LAVORI	ESEMPIO: ALCUNE PERSONE LAVORANO NEL TURISMO. CHI? DOVE?
ATTIVITÀ	ESEMPIO: ALLE PERSONE DI MOGLIANO PIACE FARE LE PASSEGGIATE NEI MONTI VICINI. COSA?:
POPOLAZIONE	ESEMPIO: CI SONO ___ PERSONE A MOGLIANO. QUANTI?

Roberto pensa, "*Questo progetto è facile. Chiedo ai miei genitori e alle mie zie di darmi informazioni. È facile, ma ... ho ancora una domanda.*"

---

[9] foglio: sheet of paper.
[10] tabella: table.

«Signora Pellegrini, le informazioni che ci servono sono per noi da trovare individualmente. Allora perché lavoriamo in gruppi?»

«Buona domanda, Roberto. Lavoriamo in gruppo perché poi faremo[11] un paragone delle culture: come sono simili e come sono diverse.»

«Oh, ok. Grazie.»

Lavoriamo tutta l'ora sul progetto.

---

[11]faremo: we will make.

Capitolo 3
Carlo
Martedì mattina a casa

«Mamma, voglio invitare cinque (5) amici alla festa,» dico a mia mamma.

«Cinque? Va bene. Inviti Davide, Giulio, Isacco, Massimo e...»

«E un altro, mamma. Voglio invitare Roberto,» le dico.

«Roberto? Chi è Roberto?» chiede mia mamma.

«Roberto è un mio amico.»

«Sì, è tuo amico. È un ragazzo nuovo a scuola?»

«Sì, da quest'anno. La sua famiglia è appena arrivata a Mogliano. Roberto ama il calcio.»

«Benissimo. Devo contattare i suoi genitori per l'invito. Hai il numero di telefono della sua famiglia?»

«Glielo chiedo domani.»

Capitolo 4
Roberto
Martedì nella classe di geografia

«Buon giorno ragazzi,» dice la signora Pellegrini. «Come state?»

«Stiamo bene, grazie,» rispondono gli studenti.

«Che giorno è oggi?» chiede la professoressa.

«Oggi è martedì.»

«Che giorno è domani?» chiede.

«Mercoledì!»

«Qual è la data di oggi?»

«Oggi è il 30 aprile.»

«Ah benissimo, siamo alla fine del mese, ci sono giornate speciali nel mese di maggio che sta per cominciare?» chiede la professoressa.

Tutti gli studenti dicono:

«Sì, è il mese in cui c'è 'la festa dei lavoratori'»

«Esatto. È il mese della festa dei lavoratori. C'è un evento speciale questa settimana?»

Uno studente dice:

«C'è una partita[12] di calcio.»

«Chi compie gli anni in questo mese?» chiede la professoressa.

Carlo alza la mano[13] e dice: «Il mio compleanno è a maggio.»

«Che bello Carlo. Congratulazioni.»

Il mio nuovo amico Carlo compie gli anni in questo mese. È un mese speciale.

La professoressa dice:

«Lavoriamo sul progetto. Prima gli studenti che parlano un'altra lingua scrivono un paio di frasi sulla lavagna.»

Mi chiamo Roberto Vázquez. Ho undici (11) anni. Sono un ragazzo, non sono né molto alto né molto basso. Ho gli occhi castani e i capelli neri.

---

[12] partita: (sport) game.
[13] mano: hand.

Abito a Mogliano, ma non sono di Mogliano. La mia famiglia viene dal Guatemala.

Capitolo 5
Carlo
Martedì a scuola

Lavoriamo sodo[14] nella classe di geografia. Il progetto è interessante. Impariamo molto su tante cose in classe.

---

[14] lavoriamo sodo: we work hard.

Roberto viene da Malacatán, Guatemala. Un altro studente, Armando, è dal Brasile.

«Adesso, gli altri studenti scrivono sulla lavagna. Carlo, tocca a te[15] per primo,» dice la signora Pellegrini.

Scrivo una frase sulla lavagna:

> Mi chiamo Carlo Pisani. Ho undici (11) anni, ma a maggio compio dodici (12) anni. Sono un ragazzo alto. Ho gli occhi blu e i capelli biondi.

> Abito a Mogliano Veneto, Treviso. È una zona molto bella, è vicino alla città chiamata Treviso e la città chiamata Venezia. A Venezia non ci sono macchine. Le persone o vanno a piedi o prendono la barca.

---

[15] tocca a te: your turn.

Dopo la lezione di geografia c'è la ricreazione. Che bello! Gioco a calcio con Roberto.

Roberto mi dice:

«Carlo, vuoi giocare?»

«Sì,» gli dico, «Hai la palla?»

«Sì.»

Roberto parla di nuovo:

«È il tuo compleanno questo mese?»

«Sì, questa settimana.»

«Fantastico! Cosa fai per festeggiare?»

«Faccio una festa. La faccio sabato. Voglio invitarti. Vuoi venire?»

«Ad una festa? Sì! Grazie.»

«Mia mamma vuole chiamare casa tua. Mi dai il tuo numero di telefono?"

C'è un momento di silenzio.

«Non abbiamo un telefono, Carlo.»

«Ok. Non c'è problema. Parlo con mia mamma. Mia mamma può passare per il tuo appartamento per venirti a prendere.»

«Buona idea. Grazie. Giochiamo?»

«Sì. Andiamo.»

Capitolo 6
Roberto
Lunedì pomeriggio
nell'appartamento

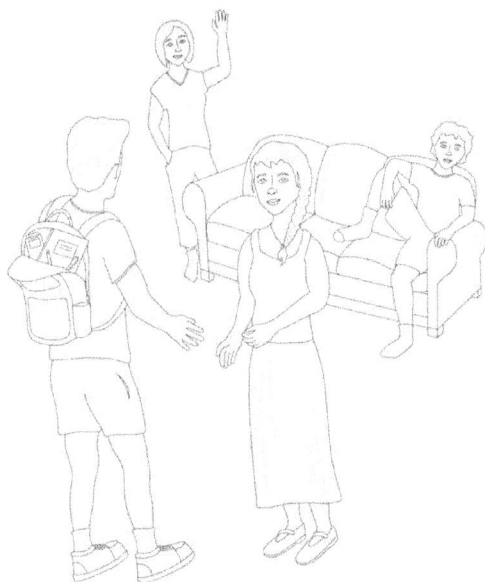

Arrivo all'appartamento con il mio zaino e ovviamente la mia palla da calcio.

Nel mio zaino c'è una matita, matite colorate, una penna ed un quaderno.

«Ciao mamma. Ciao zia Iliany. Ciao, Carmen.»

Mia zia Iliany è la sorella di mia mamma. Carmen è mia cugina.

«Ciao Roberto. Come va la scuola?» chiede mia mamma.

«Molto bene. Carlo ed io abbiamo giocato a calcio durante la ricreazione.»

«Ah davvero? E le tue lezioni?»

«Le lezioni vanno bene. Ho delle notizie. Il compleanno di Carlo è sabato. Mi ha invitato alla sua festa.»

«Che bello!» dice Carmen.

«Dov'è la festa?»

«Non lo so,» le dico. «Glielo chiedo domani.»

«La famiglia può passare qui all'appartamento a prenderti? Tuo papà deve lavorare sabato.»

«Non lo so,» le dico. "Chiedo domani.»

Capitolo 7
Carlo
Mercoledì pomeriggio a casa

Arrivo a casa da scuola. Mia mamma è in cucina.

«Ciao Carlo. Com'è andata la scuola oggi?»

«Molto bene. Roberto ed io abbiamo giocato a calcio durante la ricreazione.»

«Veramente? Cosa ha detto Roberto della festa,» chiede mia mamma.

«La famiglia di Roberto non ha il telefono. Ma vuole venire alla festa. Ce la faremo[16]?»

«Ce la faremo. Parlerò con la tua insegnante.»

«Grazie mamma, la festa sarà[17] bellissima.»

---

[16] Ce la faremo: we will be able to do it
[17] sarà: it will be.

Capitolo 8
Roberto
Giovedì, lezione di geografia

«Buon giorno ragazzi," dice la signora Pellegrini. "Come state?»

«Bene grazie,» dicono gli studenti.

«Che giorno è oggi?» chiede la professoressa.

«Oggi è giovedì.»

«Che giorno sarà[18] domani?»

«Venerdì!"

«Qual è la data di oggi?»

«Oggi è il 5 maggio.»

«È un giorno speciale?» chiede la professoressa.

Uno studente dice:

«Sì! Oggi è un giorno speciale in Messico.»

«È il giorno dell'indipendenza?» chiede un altro studente.

«No, non è il giorno dell'indipendenza. È l'anniversario della vittoria[19] del Messico contro la Francia nella battaglia di Puebla,» dice la professoressa.

«Cosa?» chiede uno studente.

---

[18] che giorno sarà: what day will it be.
[19] vittoria: vIctory.

«Perché festeggiano?» chiede un altro studente.

«Buona domanda,» dice un altro studente.

La professoressa dice:

«Ok ragazzi. Oggi facciamo un paragone delle varie informazioni nei vostri progetti.»

La professoressa dice:

«Roberto, puoi presentare le tue informazioni con i tuoi compagni di classe.»

Faccio vedere le mie informazioni sulla *smartboard*. Sono informazioni sul paese[20] da dove vengono[21] i miei genitori:

La mia famiglia viene da un piccolo paese nel Guatemala. Il paese[22] si chiama Malacatán.

---

[20] paese: (in this case) country.
[21] da dove vengono: from were (my parents) are from.
[22] paese: (in this case) town.

Malacatán è un paese vicino ad un fiume. Il fiume e la città di Malacatán sono vicino al confine[23] tra il Messico e il Guatemala.

Ho letto le informazioni alla classe.

«Nei vostri gruppi, avrete[24] un grafico per scrivere le informazioni simili e quelle diverse su Mogliano e Malacatán, il paese da dove viene la famiglia di Roberto.»

Sono molto contento. Ho parlato del mio paese e vado ad una festa.

---

[23] confine: border (of a country).
[24] avrete: you (plural) will have.

Capitolo 9
Carlo
Venerdì mattina, il giorno prima della festa, a casa

È venerdì. Manca solo un giorno di scuola prima della mia festa! Mia mamma dice:

«Carlo, andiamo a mangiare la pizza al centro commerciale prima di andare al cinema, giusto?»

«Si mamma. Grazie. Mi piace la pizza.»

«Devo chiamare la pizzeria e ordinare la pizza. Quante pizze ci servono?»

«Ho sempre tanta fame. Voglio una pizza per me e...»

«Sei buffo. Ci saranno sei (6) ragazzi. Ordiniamo sei (6) pizze.»

«OK, mamma.»

«Che tipo di pizza vuoi?»

«Chiedo ai miei amici oggi?»

«Benissimo Carlo.»

«E mamma, domani passiamo per l'appartamento di Roberto, giusto? Per andare a prenderlo?»

«Certo Carlo. Passiamo per l'appartamento di Roberto prima di andare in pizzeria.»

«Grazie mamma.»

«È ora di andare a scuola. Chiedo ai miei amici che tipo di pizza gli piace.»

Capitolo 10
Roberto
Venerdì mattina, il giorno prima della festa, all'appartamento

È venerdì. Domani c'è la festa di Carlo! Domani vado alla festa. Ma oggi devo andare a scuola.

Mia mamma, mia zia e mia cugina stanno a casa tutto il giorno. Preparano *tamales*. Porto *tamales* alla festa di Carlo domani. *Tamales* sono il cibo per le occasioni speciali. La festa di Carlo è un'occasione speciale.

«Roberto, oggi prepariamo il ripieno[25] per i *tamales*. Che tipo vuoi?» chiede mia zia.

«Vuoi pollo o maiale[26]?» chiede mia mamma.

«Pollo per piacere. Tutti amano il pollo.»

«Vuoi olive?» chiede mia zia. «Mi piacciono le olive. Gnam gnam[27].»

«Anche a me piacciono le olive. Ma non so se piacciano a Carlo …»

«Va bene. Non mettiamo le olive Roberto.»

Mia zia Iliany è molto gentile. Lei è la mia preferita. Lei fa *tamales* molto bene.

───────────────

[25] ripieno: filling.
[26] maiale: pork.
[27] gnam gnam: yummy

«Grazie zia. Grazie che prepari i *tamales* per la festa.»

«Prego. È un giorno molto speciale per te.»

«Zia, non è il mio compleanno!»

«No, ma è la tua prima festa.»

Prendo lo zaino e vado ad aspettare l'autobus.

Capitolo 11
Carlo
Domenica, il giorno della festa

È l'ora della festa. Sono molto contento. Ci incontreremo[28] con Davide, Giulio, Isacco e Massimo nella pizzeria del centro commerciale. Ma prima io e mia mamma

---

[28] incontreremo: we will meet.

dobbiamo andare all'appartamento di Roberto.

«Mamma sai dov'è l'appartamento di Roberto?»

«Sì Carlo. È a Mogliano, vicino alla stazione.»

«Ok. Bene.»

Arriviamo all'appartamento della famiglia di Roberto. Vado alla porta e busso.

Toc, toc[29]!

Roberto apre la porta. Non è da solo. È con sua mamma, sua zia, dei fratelli e un po' di cugini.

«Ciao Carlo!» dice la sua famiglia.

«Buon compleanno!»

«Oh, ciao,» dico. «Grazie.»

«Andiamo Carlo,» dice Roberto.

---

[29] toc toc: knock knock

Roberto ed io andiamo alla macchina dove c'è mia mamma. Ha una scatola.
e io vado verso[30] la macchina, dove c'è mia mamma.

«Ciao. Sono la mamma di Roberto.»

«Piacere di conoscerti,» dice mia mamma.

«Grazie di aver invitato mio figlio alla festa,» dice la mamma di Roberto.

«Prego. È un'idea di Carlo.»

«Grazie Carlo,» dice la mamma di Roberto. «Ho *tamales* per la festa.»

«Nel Guatemala i *tamales* sono un cibo per le occasioni speciali,» dice Roberto.

«Che gentile. Grazie,» dice mia mamma.

«Carlo...»

«Grazie signora. È molto gentile.»

Tutta la famiglia di Roberto è alla porta.

---

[30] verso: towards.

«Buon compleanno Carlo!»

«Divertiti!»

Tutta la famiglia di Roberto è molto gentile.

Mia mamma, Roberto ed io ci salutiamo ed andiamo al centro commerciale.

Capitolo 12
Carlo
A casa dopo la festa

Dopo la festa andiamo a casa. Abbiamo mangiato tanta pizza e abbiamo guardato un film sui supereroi.

«Carlo, com'era[31] la festa?» chiede mia mamma.

«Sono così contento mamma. Grazie. Mi piacciono molto i miei amici.»

«È ovvio,» dice mia mamma.

«E mamma, grazie di aver invitato Roberto. È proprio[32] un buon amico.»

«Sì, è un buon amico.»

«E il cibo che ha preparato la sua famiglia era buonissimo,» dico a mia mamma.

«Vuoi scrivere un biglietto alla famiglia?» mi chiede mia mamma.

Cara famiglia di Roberto...

Grazie per il cibo delizioso. Mi sono piaciuti molto i tamales.

---

[31] com'era: how was
[32] proprio: really.

Appendice
Informazioni su Mogliano Veneto (Treviso)

La parola Mogliano viene dal dialetto, la parola "mojo" vuol dire[33] bagnato[34]. Ci sono molte paludi[35] lì vicino.

Nel 1500 molti nobili veneziani[36] andavano lì a godersi il fresco dell'estate e hanno fatto costruire ville[37] bellissime.

C'è un chiostro[38] del 1100 circa.

Ci sono molti ristoranti buoni a Mogliano come "Il Becco Fino" e la Pizzeria "Ai Bersaglieri".

Mogliano è tra due città: Mestre (Venezia) e Treviso. La strada che unisce[39] queste due città si chiama[40] "Terraglio" ed è nello

---

[33] vuol dire: means.
[34] bagnato: wet.
[35] palude: marsh.
[36] nobili veneziani: Venetian noble people.
[37] ville: villas, fancy homes.
[38] chiostro: cloister.
[39] unisce: connects.
[40] si chiama: it is called.

stesso posto di una vecchia strada romana.

Ci sono molte buone gelaterie a Mogliano.

Molte persone lavorano nelle piccole industrie e nel turismo.

GLOSSARIO

The translations provided are specific to the context in which they are used in this book.

A

a - at
abbiamo - we have
abito - I live
ad - at
adesso - now
ai - to the
aiuta - s/he, it helps
al - to the
alcuni - some
al/all'/a/e - agli - at the, to the
allora - now, so
alto - tall
altri/o - other
alza - s/he, it raises
ama - loves
amano - they love
amici - friends
amico - friend
amo - I love
anche - also
ancora - still, again
andare - to go
andata - went
andavano - they went
andiamo - we walk
anni - years
anniversario - anniversary
anno - year

appartamento - apartment
appena - as soon as
apre - s/he, it opens
aprile - April
armando - loving
arrivata - arrived
arriviamo - we arrive
arrivo - I arrive
aspettare - to wait
assieme - together
attività - activity, activities
autobus - bus
aver - to have
avrete - you will have

B

bagnato - wet
barca - boat
baseball - baseball
basso - short in height
battaglia - battle
becco - beak
bella/o - pretty
bellissima/e - very pretty
bene - well
benissimo - very well
biglietto - ticket

biondi - blonde
blu - blue
Brasile - Brasil
buffo - funny
buon/a/e/i - good
buonissimo - very
    good
busso - I knock

C

c' - there
c'è - there is
calcio - soccer
capelli - hair
cara - dear
casa - house
castani - brown
ce - there
centro commerciale -
    mall
certo - certain
che - that, who
chi - who
chiama - s/he, it calls
chiamare - to call
chiamata - call
chiamo - I call
chiede - s/he, it asks
chiedo - I ask
chiostro - cloister
ci - there
ciao - hi, bye
cibo - food
cinema - movie
    theatre
cinque - five

circa - about
città - city
classe - class
colorate - colorful
com'(è) - how is
com'(era) - how was
come - how
comincia - s/he, it
    starts
cominciare - to start
compagni - class
    mates
compie - s/he, it
    turns (an age)
compio - I turn (for
    age)
compleanno -
    birthday
con - with
condividono - share
confine - the border
    (of a country)
congratulazioni -
    congratulations
conoscerti - to meet
    you
contattare - to
    contact
contento - happy
contro - against
cos' - what
cosa - what
cose - things
costruire - to build
costume - customs
credenze - beliefs

cucina - kitchen
cugina(i) - cousin(s)
(in) cui - in which
cultura/e - culture
culturali - cultural

D
da - from
dai - from the
dal - from the
darmi - to give me
data - date
davvero - really
dei - of the
del - of the
delizioso - delicious
del - of
della/e - from the
detto - said
deve - s/he, it must
devo - I must
di - of, from
dialetto - dialect
dice - s/he, it says
dico - I say
dicono - they say
dire - to say
diverse - different
divertiti - have fun
dobbiamo - we have to
dodici - twelve
domanda - s/he, it asks
domani - tomorrow
domenica - Sunday

dopo - after
dov' - where
dove - where
due - two
durante - during

E
e - and
ed - and
entriamo - we enter
era - was
esatto - correct, exact
esplorerete - you (plural) will explore
estate - summer
evento - event

F
fa - s/he, it makes
facciamo - do, make
faccio - do
facile - easy
fai - you do
fame - hunger
famiglia - family
fantastico - fantastic
fare - to do, make
faremo - we will make
fatto - made
felice - happy
festa - party
feste - parties
festeggiano - they celebrate

festeggiare - to celebrate
festività - holidays
figlio - son
film - movie
fine settimana - weekend
fino - until
fiume - river
foglio - sheet of paper
Francia - France
frase - sentence
frasi - sentences
fratelli - brothers and sisters
fresco – fresh

G

gelaterie - ice cream shop
genitori - parents
gentile - kind
geografia - geography
giocare - to play
giocato - played
giochiamo - we play
gioco - game
giornate - days
giorno - day
giovedì - Thursday
giusto - right
gli - the
glielo - to him
gnam - yummy
godersi - enjoy

grafico - graphic
grazie - thank you
gruppi - groups
gruppo - group
guardato - watched
Guatemala - country in Central America

H

ha - has
hai - you have
hanno - they have
ho - I have

I

i - the
idea - idea
il - the
immagine - imagine
immediatamente – immediately
impariamo - we learn
in – in, at
incontreremo - we will meet
indipendenza – independence
individualmente - individually
industrie - industries
informazioni - news
insegnante - teacher
interessante – interesting
invitare - to invite

48

invitarti - to invite
you
invitato - invited
inviti - invitations
invito - the invite, I
invite
io - I
italiana - Italian

L

l' - the
la - the
lavagna - board
lavorano - they work
lavorare - to work
lavoratori - workers
lavori - work
lavoriamo - we work
le - the
lei - she
letto - read
lezione - lesson
lezioni - lessons
lingua/e - language/s
lo - the
loro - they
luglio - July
lunedì - Monday

M

ma - but
macchina - car
macchine - cars
maggio - May
maiale - pork

Malacatán - town in
Guatemala
mamma - mom
manca - is left, ... to
go
mangiare - to eat
mangiato - eaten
mano - hand
marche - brands
martedì - Tuesday
massimo - maximum
matita - pencil
matite - pencil
mattina - morning
me - me
mercoledì -
Wednesday
mese - month
Messico - Mexico
Mestre - name of the
Venice mainland
city
mettiamo - we put
mi - to me
mia/e/o - my
miei - my
modo - way
Mogliano - town in
northern Italy
molte/i/o - many, a
lot
momento - moment
musica - music

N

né - neither
nei/nel/l'/a/e/o - in the
neri - black
no - no
nobili - nobles
noi - we
non - not
notizie - news
numero - number
nuovo - new

O

o - or
occasione(i) - time(s), instance(s)
occhi - eyes
oggi - today
olive - olives
ora – hour, now
ordinare - to order
ordiniamo - we order
organizzare - to organize
ovviamente - obviously
ovvio - obvious

P

paese – village, country, town
paio - pair
palla - ball
paludi - marshes

papa - dad
paragone - comparison
parla - s/he, it speaks
parlano - they speak
parlare - to speak
parlato - spoken
parlerò – I will speak
parliamo - speak
parlo - speak
parola - word
partita - (sport) match
passare - to pass
passiamo - we pass
penna - pen
pensa - s/he, it thinks
per – for, in order to
perché – why, because
persone - people
piacciano - like
piacciono - like
piace - like
piacere - to like
piaciuti - liked
piccole/o - small
piedi - feet
pizza(e) - pizza(s)
pizzeria - pizza place
po' - a little
poi - after
pollo - chicken
pomeriggio - afternoon
popolari - popular
porta - door

porto - I bring
possiamo - we can
posto - place
preferita/o - favorite
prego - you are welcome
prendere - to take
prenderlo - to take it
prenderti - to pick you up
prendo - I take
prendono - they take
preparano - they prepare
preparato - prepared
prepari - you prepare
prepariamo - we prepare
presentare - to present
prima - before
primo - first
problema - problem
professoressa - teacher
progetti - projects
progetto - project
proprio - really
può - s/he, it can
puoi - you can

Q

quaderno - notebook
qual - which
quante - how much, how many

quelle - those
quest' - this
questa/e/o - this
qui - here

R

ragazzi - boys
ragazzo - boy
ricreazione - recess
ripieno - filling
rispondono - they respond
ristoranti - restaurants
romana - Roman

S

sabato - Saturday
sai - you know
salutiamo - we greet
sarà - s/he, it will be
saranno - they will be
scatola - box
scrivere - to write
scrivo - I write
scrivono - they write
scuola - school
se - if
sei - six
sempre - always
servono - are needed
settimana - week
sì - yes
si (chiama) - it is called

siamo - are
signora - missus, ma'am
silenzio - silence
simili - similar
smartboard - smartboard
so - I know
(lavoriamo) sodo - we work hard
solo - only
(da) solo - alone
sono - I am, they are
sorella - sister
spagnolo - Spanish
speciale/i - special
spiega - s/he, it explains
sport - sport
sta - s/he, it is
stai - you are
stanno - they are
state - you are
stazione - station
stesso - same
stiamo - we are
strada - street, road
studente(i) - student(s)
sua - his, her
subito - now
su/i - on
sul/la - on the
suo - his
suoi - his

supereroi - superheroes

T

tabella - table

tamales - tamales
tanta/e - many, a lot
te - you
telefono - telephone
terraglio - pot
tipo - type
tocca (a te) - your turn
toc - knock
tra - among, between
tradizioni - traditions
Treviso - town near Venice in Italy
trovare - to find
tua/e/o/i - your
turismo - tourism
tutta/i/o - all

U

un/a, un'- a, an
undici - eleven
unisce - connects
uno - one

V

va - goes
vado - go
vanno - they go

varie - various
vecchia - old
vedere - to see
venerdì - Friday
Veneto - Italian region in the North
Venezia - Venice – Italian city
veneziani - people from Venice
(da dove) vengono – from where ... are from
venire - to come
venirti - to come to you
veramente - truly
verso - towards
vestiti - clothes

vi - to you
vicino - neighbor
viene - comes
ville - villas (fancy homes)
vita - life
vittoria - victory
voglio - I want
voi - you (pllural)
vostra/i - your
vuoi - you want
vuol (dire) - **it** means
vuole - s/he, it wants

Z

zaino - backpack
zia(e) - aunt(s)
zona - area

ABOUT THE AUTHOR

Jennifer Degenhardt taught high school Spanish for over 20 years and now teaches at the college level. At the time she realized her own high school students, many of whom had learning challenges, acquired language best through stories, so she began to write ones that she thought would appeal to them. She has been writing ever since.

Other titles by Jen Degenhardt:

Sancho en San Juan
La chica nueva | *La Nouvelle Fille* | The New Girl |
Das Neue Mädchen | *La nuova ragazza*
La invitación | *L'invitation* | The Invitation |
L'invito | *Die Eindalung*
Salida 8 | *Sortie no. 8* | Exit 8
Raíces
Chuchotenango | *La terre des chiens errants* | *La vita dei cani* | Dogland
Pesas | *Poids et haltères* | Weights and Dumbbells | *Pesi*
Moda personal | *Style personnel*
LUIS, un soñador | *Le rêve de Luis* | Luis, the DREAMer

55

El jersey | The Jersey | *Le Maillot*
La mochila / The Backpack | *Le sac à dos*
Moviendo montañas / *Déplacer les montagnes* /
Moving Mountains | *Spostando montagne*
La vida es complicada / *La vie est compliquée* |
Life is Complicated
El verano de las oportunidades | Summer of
Opportunities
El Mundial / *La Coupe du Monde* | The World
Cup | *Die Weltmeisterschaft in Katar 2022* | *La
Coppa del Mondo*
Quince / Fifteen | *Douze ans*
El viaje difícil | *Un voyage difficile* | A Difficult
Journey
La niñera / The Nanny
¡¿Fútbol...americano?! | *Football...américain ?!* |
Soccer->Football??!!
Era una chica nueva
Levantando pesas: un cuento en el pasado
Se movieron las montañas
Fue un viaje difícil
¿Qué pasó con el jersey?
Cuando se perdió la mochila
Con (un poco de) ayuda de mis amigos / With (a
little) Help from My Friends | *Un petit coup de
main amical* / *Con (un po') d'aiuto dai miei amici*
La última prueba | The Last Test
Los tres amigos | Three Friends | *Drei Freunde* |
Les trois amis
La evolución musical
María María: un cuento de un huracán | María
María: A Story of a Storm | *Maria Maria: un
histoire d'un orage*
Debido a la tormenta / Because of the Storm
La lucha de la vida / The Fight of His Life

56

Secretos | Secrets (French) | <u>Secrets Undisclosed</u> (English)
Como vuela la pelota
Cambios | Changements | <u>Changes</u>
De la oscuridad a la luz | <u>From Darkness into Light</u> *| Dal buio alla luce | De la obscurité à la lumière | Aus der Dunkelheit ins Licht*
El pueblo | <u>The Town</u> *| Le village*

𝕏 @JenniferDegenh1

⊡ @<u>jendegenhardt9</u>

f @PuentesLanguage
World LanguageTeaching Stories (Facebook group)

Visit <u>www.puenteslanguage.com</u> to sign up to receive information on new releases and other events.

Check out all titles as ebooks with audio on <u>www.digilangua</u>.co.

ABOUT THE TRANSLATOR

Dr. Tanya Ferretto was born and educated in Venice, Italy, where she enjoyed reading, writing and the arts. She has a Ph.D. in Japanese Art history. For the past 15 years she has been an Italian teacher at Winchester High School, MA. Teaching is her passion. She just published her first book, *Dietro al sorriso*, available on Amazon and puenteslanguage.com.

ABOUT THE CONTRIBUTORS

Lorraine Warner, Gavin Warner

Lorraine Warner is a former grant writer and high school Spanish teacher. She collaborated with Jen Degenhardt on this novel after sharing the story of the friendship between her son, Gavin, and Roberto. They continue to be friends, and at the time this novel was published were juniors at Ichabod Crane High School. Lorraine now teaches college Spanish classes online. She lives in Valatie, New York with her family, two cats, and five chickens.

Michael Rodrigue, a student in Lorraine Warner's Spanish 2 class at Ichabod Crane High School in Valatie, NY, at the time, was instrumental in providing the graphic organizer (p. 8).

ABOUT THE ARTIST

Spencer Stickles is a high school student from upstate New York. He has a true passion for art, especially drawing and painting. When he's not expressing his creativity on canvas, he loves to ride his horses and travel to new places. Spencer takes his studies seriously and is dedicated to excelling in school. His interest in biology fuels his ambition to pursue a future career as a veterinarian, where he can combine his love for animals and his scientific curiosity.

MEET THE FRIENDS!

Roberto Vazquez-Orozco & Gavin Warner

www.ingramcontent.com/pod-product-compliance
Lightning Source LLC
Chambersburg PA
CBHW060353050426
42449CB00011B/2964